1

2

Nick Living

Bahnsteig

2

3

Gedichte & Texte

4

Impressum

Herstellung und Verlag:
BoD - Books on Demand, Norderstedt
ISBN:978-3-7386-0575-4
Für den Inhalt des Buches zeichnet der Autor
verantwortlich
© 2014

Erinnerungen

Wohl sind's Erinnerungen fein
Sie machen unsre Herzen rein
Sie sind so schön,
doch auch so schlimm
Sie sind dem Tode gleich, dahin
Sie wollen immer anders sein

Bis wir dann sterben irgendwann
Als Einfalt- oder Supermann
Beherrschen sie uns
immerfort
Sind arglos und an jedem Ort
Im Sarg, im Schrein, im Meeressand?

Auf jeden Fall ziehn sie dahin
Sind guter und auch böser Sinn
Sie sind so gut,
doch auch so schlecht
Vielleicht nicht immer treu und recht
Sie sind dem Leben gleich, dahin

Glogaulied

Breite Straßen, gutes Leben
Läden voller Frucht und Glück
Große Zeit und Gottes Segen
Du mein Glogau, du mein Leben
Bist wohl Schlesiens bestes Stück

An der Oder ewig liegen,
durch den Rosengarten ziehn
Weihnachtsbaum, die schönsten Blüten
Glogau, du mein Garten Eden
Ach, hier ist's so wunderschön

Doch so sollt es nie mehr werden,
denn der Krieg nahm alles fort!
Glück und Garten fielen in Scherben!
Gott, warum nur dies Vererben?
Glogau ward zum schlimmen Ort!

Richtung Westen wir dann zogen,
aus der Heimat, die so fern!
Mussten weg, sind ausgeflogen!
Hoch der Oder Schicksalswogen!
Nein, wir flohen gar nicht gern!

Frierend, mit dem Leiterwagen,
ging's nun über Stock und Stein!
Hungernd, ohne Hemd und Kragen,
schwiegen wir, ganz ohne Klagen!
Wollten endlich wieder heim!

Auf dem Weg und in den Gräben,
tief im Wald, da lagen sie:
Ostarbeiter! Nein, kein Segen!
Ließen die uns wohl am Leben?
Angst und Schmerzen – nachts und früh!

Irgendwann gab's ein Schluck Wasser!
Und die Sonne brannte heiß!
Mein Gesicht ward blass und blasser!
Mutter sparte ein Schluck Wasser -
Weiter ging die blutge Reis!

Wie die Front schon näher rückte,
kamen wir ins fremde Land!
Stählern mancher Alb da drückte!
Todesgleich sich Glogau bückte
unterm Bomben-Feuerbrand!

Nichts ward uns da noch geblieben,
tief nur die Erinnerung
Hat sich schwer ins Herz geschrieben,
sich ins Hirn, ins Mark getrieben
Wir sind alt nun, nicht mehr jung

Garnisonsstadt unter Bäumen
Glogau, einst so stolz und schön
Voller Frohsinn, reich an Träumen
Dort am Fluss, den Straßensäumen -
Wollt so gern dich wiedersehn!

Doch die Straßen liegen einsam
Meine Heimat gibt's nicht mehr
Ja, wir flohen einst gemeinsam
Jene Heimat, fern und einsam
Und die Hoffnung wiegt so schwer

Ach, es weint mir Herz uns Seele
Glogau fließt durch Kopf und Blut
Wenn ich dann die Tage zähle,
ich mich durch mein Leben quäle,
brodelt Schwermut und auch Wut

Dieser Krieg bracht so viel Wunden,
nahm die Heimat mir und dir!
Ach, wir weinen Stund um Stunden
Haben Neues zwar gefunden,
doch die Heimat niemals mehr!

Hör noch immer die Sirenen,
die uns trieben aus der Stadt
Soviel Trauer, soviel Tränen,
will dafür mich niemals schämen,
weil ich soviel Sehnsucht hab

Neue Menschen können's richten!
Glogau lebt noch, ist nicht tot!
Dass die Dichter wieder dichten!
Lasst die Alten euch berichten,
wie der Heimat Morgenrot!

Heute fahrn wir Richtung Osten,
in die Heimat, Glogau, ach
Schon vorbei am Grenzen-Posten,
geht's noch einmal Richtung Osten,
hin zum heimatlichen Dach

9

Doch die Häuser aller Kindheit
sind längst fort, sind ausgebrannt
Traurig noch und reich an Blindheit
such ich nach der fernen Kindheit
Nach dem schönen Schlesienland

Glogau aber fand ich nimmer,
nur die Oder fließt dahin
Ab und an warnt leis ein Trümmer
Ferner Rosengarten-Schimmer
Fern die Heimat, fern der Sinn

Träum vom heimatlichen Lachen
Träum von dem, was nicht mehr da
Streichle Bäume, alte Sachen
In der Heimat blieb mein Lachen -
In der Welt, so, wie sie war

Leise zieht ein Wind von Osten
Kündet von der Heimat mir
Zwar sind fort die letzten Posten
Und die alten Panzer rosten
Doch der Krieg ist noch all hier

Sagt es drum den Kindeskindern:
Niemals wieder Hass und Krieg!
Wieder Weihnacht in den Wintern!
Heimat schlägt in Herz und Kindern!
Glogau bleibt mir ewig lieb ...

Mountain

Verrückte Stadt
Verhallt mein Schrei nach Liebe
Die Menschen hier,
die geben mir nichts mehr
Ich zieh davon,
in aller Herrgottsfrühe
zum fernen Ort
Der Abschied fällt nicht schwer

Am schroffen Berg,
ein Schneesturm schlägt ins Auge,
bau ich ein Zelt
Ein Bär streicht nah vorbei
Ich atme tief
Wohin ich immer schaue,
wacht Einsamkeit-
Sie ist mir einerlei

Die Nacht beginnt
und Kälte zieht ins Herze
Und Sehnsucht sinnt
nach einem andern DU
Ich ess mein Brot
Mich wärmt nur eine Kerze
Doch irgendwie
komm ich wohl nicht zur Ruh

Mein Licht verlischt
Die Müdigkeit erdrückt mich
an jenem Berg
Der Sturm zog lang vorbei
Gedankenflug
Der Mond scheint unerbittlich
ins Zelt hinein
und leckt die Seele frei

Aus meinem Traum
entsteigt ein fremdes Wesen
So wunderschön
Und mir wird's langsam warm
Mir ist's,
als sei es immer hier gewesen
Ich spüre Glück
Vorbei der alte Gram

Doch bleibt nur kurz
dies sagenhafte Wunder
Es flieht die Nacht
Und fliehen will mein Traum
Er schien so nah
Nie war ein Märchen bunter
Doch blieb in meiner Seel
am Ende doch nur Schaum

Ein neuer Tag
holt mich aus meinem Schlummer
Der Berg ruht stumm
Ich kriech aus meinem Zelt
Die Einsamkeit bringt
Trauer, Tränen, Kummer
Und ich brech auf,
zieh wieder in die Welt

Verweht die Nacht,
zerfallen mit den Träumen
Jenseits des Bergs
erkenn ich plötzlich: DICH
Und meine Spur verweht
schon zwischen kahlen Bäumen
Dort hinterm Berg,
da küss ich Dein Gesicht …

Friedensballade

Und als der Hass noch größer wurde,
da zog man wieder in den Krieg
Rot färbte sich die Erd vom Blute
Doch nie erreichte man den Sieg

Und auf dem Schlachtfeld, Aug in Auge,
dort wollte man den letzten Schlag
Es waren Menschen, so vertraute
Es schien der letzte Lebenstag

Und als man schrie:
„Auf auf, zum Kampfe!",
war DORT und DA man wie erstarrt
Ein Schrei, erstickt im Todeskampfe,
weil keiner es zu glauben wagt

Wo sonst erbleicht die toten Körper,
da stand ein Kind so lieb und zart
Ein Mensch, so klein, ein unversehrter,
zwischen den Lanzen, spitz und hart

Wenn jetzt, oh Gott, ein Schuss ertönte!
Warum, du Kind, stehst du im Weg?
Doch still bliebs nur und keiner stöhnte
Das Kind sang leis ein Weihnachtslied

Da sanken nieder die Gewehre
Das Kind, es sang so lieblich fein
Und leis, ganz leis, durchs ganze Heere,
erhob sich jenes Liedelein

Wo blieb der Hass, wo all das Böse?
Das Schlachtfeld
war kein Schlachtfeld mehr!
Ein Liedchen, ach, kein Kriegsgetöse
Wo kam nur all der Frieden her?

Schon bald lag man sich in den Armen
Es flossen Tränen ohne Zahl
All die, die her zum Sterben kamen,
sie ließen ab von aller Qual

Und als die Feinde Freunde wurden,
da ward das Kind nicht mehr zu sehn
Man hat gesucht es Stund um Stunden
Nur blieb dies Weihnachtslied bestehn

Es zog hinauf bis in den Himmel
Bis weit in die Unendlichkeit
Und lautlos ritt auf prächtgem Schimmel
ein Kind fern in die Dunkelheit

Und als es Heiligabend tönte
vom Kirchturm in der Heimatstadt,
da kehrten heim die vielen Söhne
Die Mütter warn vom Schmerz so matt

Hört drum auf alle Erdenkinder
Denn hier, nur hier lebt unsre Welt!
Schon einmal war so kalt der Winter ...
War jene Menschheit fast zerschellt ...

Jetzt ist die Zeit der Friedenslieder
Die Kinder kennen jenen Text
Wie auch die Alten, heut und wieder,
ist man so tief und schwer verletzt

Ein letzter Krieg- ade Ihr Menschen!
Habt Ihr vergessen viel zu schnell?
Ihr wolltet doch fürs Leben kämpfen!
So viel verblüht, wenn´s nicht mehr hell

Nun ist der Tages Tag gekommen
Wo geht es lang- bleibt uns die Angst?
Der Frieden wird sich immer lohnen,
weil DU als Mensch von Gott abstammst

Gott wird uns auch den Krieg vergeben
Vor IHM sind Freund und Feinde gleich
ER ist der Tod, ER ist das Leben
Als Bettler- arm, als Herrscher- reich

Doch, wenn wir IHN erkennen wollen,
in fernster Zeit- Unendlichkeit,
so müssen wir die Kinder holen
Ein Kinderlachen gegen Leid

Es geht nicht nur um Krieg und Frieden
Es geht nicht nur um diese Welt
Wir müssen lernen, neu zu lieben
Weil Liebe nur den Mensch erhält

So lernt auf Ewig all die Lieder
So lobt der Weihnacht heilges Licht
Und wo man Krieg will, jetzt und wieder,
hat jedes Kinderlied Gewicht!

Gedanke

Manchmal denkt man,
man hat keine Zeit
Es ist der letzte Tag,
die allerletzte Stunde
Dann schaut man sich um und spürt:
Es ist soweit
Noch ein letztes Wort -
vielleicht - aus meinem Munde

Dann sieht alles anders aus,
was man so sieht
Und man ist traurig,
muss man jetzt gehn?
Und man zählt die Sekunden,
bevor es geschieht
Beginnt man erst jetzt
sich selbst richtig zu verstehn?

Und plötzlich weiß man es,
und man fühlt es genau
Dies alles ist einmal nur,
und wird für immer vergehen
Dann nimmt man ihn auf,
den wirklichen Augenblick
Denn DAS ist wirklich Leben …

Gern

Gern wär ich noch hier geblieben
Doch der Wind war mir zu rau
Hätt hier gern noch viel geschrieben
Gern wär ich noch hier geblieben
Doch der Himmel schien nicht blau

Gern bin ich nicht fort gegangen
Kannte manchen Weg und Steg
Doch hier rochs so abgehangen
Bin ins ferne Land gegangen,
weil man mich hier nicht versteht

Gern hätt ich mit Euch gesungen
Doch ihr kennt die Töne nicht
Hab hier nicht mein Glück gefunden
Ach, ich hätt so gern gesungen
Aus der Heimat flieht man nicht

Gern wär ich zurückgekommen
Doch bei Euch ist's mir zu kalt
Such vergeblich nach der Sonnen
Wär so gern zurückgekommen
Doch bei Euch fühl ich mich alt …

Im Park

Der Tag beginnt
und Nebel zieht im Parke
So einsam noch liegt manche Bank am See
Ein Neubeginn
Ich weiß, dass ich es wage,
bevor die Welt versinkt im winterlichen
Schnee

Ein Vogel singt
dort drüben in der Linde
Ich glaub, er kennt die stürmisch bunte Zeit
Da wünscht ich mir,
dass ich was Neues finde
Und irgendwie fühl ich mich jetzt bereit

In meinem Keller

Hab heute irgendwas gesucht
Und war im Keller, auf der Flucht
Ein wildes Chaos fand ich dort
An jenem schmutzig, dunklen Ort

Da war so vieles aus der Zeit,
in der ich einstmals ohne Leid
Als ich so glücklich, fröhlich war
Als ich mich fühlte wie ein Star

Ich kramte die Erinnerung aus
Hier in diesem alten Haus
All die Geschichten fieln mir ein
Mit Sekt und Bier und Nacht und Wein

Soviel erlebt - mein Gott - so viel
Mal Ernstes, meistens doch nur Spiel
Doch blieb ich selten mal allein
Ich wünscht, so sollt es wieder sein

Denn alles, was vergessen schien,
was längst verstaubt und schon dahin,
hab ich versteckt, ganz lieb und brav
in diesem dunklen Kellerkaff

Und die Gedanken sind ganz nah
Ich hör mich singen, wunderbar
Meine Musik, Mensch, spielt doch noch
Im Keller hier, im dunklen Loch

Und plötzlich wird so vieles klar
Es sollt so sein, wies früher war
Nur noch viel besser, noch viel mehr
Das Feuer brennt noch tief in mir

Dies Kribbeln ist noch immer stark
Ich fühl mich jung an diesem Tag
Möcht wieder raus ins Leben schnell
Mich selber spürn – aus jedem Quell

Durch Nachtbars ziehn im schwarzen Hemd
Und selten schlau und durchgekämmt
Wieder verrückt sein, schräg und blöd
Das machen, was kein Mensch versteht

Wisch mir die Tränen vom Gesicht
Mensch Junge, DU, du musst ans Licht
Ich rück die Brille mir zurecht
Bei mir Keller war´s nicht schlecht …

Irgendwas und Irgendwo

Du kamst nach Hause, irgendwann
Ich fragte nicht nach dem „Woher"
Du warst ein sehr gestresster Mann
Und kamst nach Hause – irgendwann
Nach Liebe fragtest du nicht mehr

Du legtest dich allein aufs Bett
Und schliefst ganz ohne Worte ein
Du lächeltest nicht einmal nett
Du legtest dich nur auf dein Bett
Mir blieb nur eine Flasche Wein

Ich schaute dich sehr lange an
Du lagst nur da und schienst so fern
Du warst ein sehr gestresster Mann
So lange schaute ich dich an
Wo blieb nur unser Liebesstern

Ich zog mich an und schlich mich fort
Mit meinen Koffern, dick und schwer
Ich wollt nur weg von diesem Ort
Und zog mich an und schlich mich fort
Du kamst mir niemals hinterher

Die S- Bahn fuhr irgendwohin
Zum Eck-Hotel am Schluss der Zeit
Für ein paar Euro durch Berlin
Ein fremder Mann, kein neuer Sinn
Ein Drink allein, das Glück so weit

Erinnerungen sind so schwer
Und nachts ist's kühl in dieser Stadt
Du kamst mir niemals hinterher
Und ich und du- das wog so schwer
Die Straßen leuchten fremd und matt …

Kurz: Ich

Ich war noch nie aus Holz und Stahl
Ich war voll Sehnsucht allemal
War Tänzer, Träumer, Flieger, Stern
Und hatte stets Absurdes gern

War einsam und vor Hektik blind
War manchmal auch ein dummes Kind
Wollt oftmals wie ein Spieler sein
Und trank so gern vom süßen Wein

So ging´s mal hoch und mal bergab
Mein Leben blieb kein schmaler Pfad …
Mal kam das Glück, manchmal das Leid
Und manche heiß durchliebte Zeit

Mein Leben zog durch Hirn und Herz
Zog mich durch Liebe und durch Schmerz
Ich gab nie auf im tiefsten Dreck
Der wusch so oft die Hoffnung weg

Schrie laut mit Tränen im Gesicht
Weil man an so was nicht zerbricht
Vorm Spiegel heb ich meinen Kopf -
das da bin ICH!
Ein sturer Tropf!

Nach dir

Als ich ging
war die Straße schmal
Flossen Tränen, ohne Zahl
Nahezu,
ohne Ruh,
träumte ich wohl immerzu
Lang schien dieses Tal

Einsam war´s
in jener stillen Zeit
Für jedes dunkle Date bereit
Einfach so.
Nicht mehr froh,
blieb die Hoffnung irgendwo
in jener stillen Zeit

Eines Tags
wurd ich wieder stark
Wieder neu, der junge Tag
Nahezu,
ohne Ruh,
träumte ich nun immerzu
von dem, was vor mir lag …

Nach Hause

Es ist Sommer in der Stadt
Denk an Euch die ganze Zeit
Ob ihr's schön und ruhig habt
Heut, an diesem Sommertag
Ach, ihr seid so weit, so weit

Träume mich ins Elternhaus
Hier, in dieser großen Stadt
Manchmal halt ich's kaum noch aus
Möchte fliehen, will nach Haus
Weil ich so viel Heimweh hab

Denk an all die Feste dort,
an manch gut- und schlechtes Jahr
An so manches böse Wort
Denk an all das Leben dort
So, wie es zu Hause war

Manchmal war ich voller Frust
Wollte weg, nur einfach raus
Hatt auf Heimat keine Lust
Lachte kaum, verdammter Frust!
Dabei war's doch mein Zuhaus

Jetzt begreif ich immer mehr
Liebe fand ich nur daheim
Sehn mir meine Liebsten her
Ja, ich spür es mehr und mehr
Will im Geist bei Euch nur sein

Es ist Sommer in der Stadt
Denk an Euch die ganze Zeit
Dort, wo´s Heimweh Flügel hat
Träum ich mich aus dieser Stadt
Träum nach Haus mich, das so weit …

Nackt

Nackt durch breite Straßen ziehn
Mit der U-Bahn durch Berlin
Mit dir tanzen durch die Nacht
Hast mich um den Schlaf gebracht

Heiße Liebe bis um Vier!
Halt mich fest, du wildes Tier!
Küss mich jetzt, lass mich nicht los!
Nur die Liebe macht uns groß!

Milchkaffee im Café BLIX
Wenn Du da bist, fehlt mir nix
Komm, heut fliegen wir ans Meer
Du bist da und nichts ist schwer …

Poesie

Mit der Kraft nur meines Traums allein
steh ich am Morgen vor dem Tag
Und frag,
wo sind die schönen Träume
Ich wollte nie allein nur sein
Mit der Kraft der Hoffnung an die Zeit
verberg ich Angst und Tränen mir
Ja hier
erwacht ganz neue Freude
Und ahn, Du bist nicht mehr so weit

November

Der Sturm treibt Regen übers weite Land
Es ist November und der Winter naht
Ich steh vorm Spiegel
Und ich hab mich nicht erkannt
Es zieht November
durch dies viel zu kalte Land
Und in jene viel zu große Stadt

Ein Alb erscheint mir
in den dunklen Nächten
Es ist November und ich bin allein
Ich träum mein Leben
Und ich hab wohl nichts vollbracht?
Es zieht November
durch die viel zu kalte Nacht
Wollt doch nur einfach wieder glücklich sein

Der Morgen bringt mir eine neue Zeit
Es ist November und mich zieht es fort
Ich pack die Koffer
Und ich fühl mich nicht befreit
Es zieht November
durch die viel zu kalte Zeit
Und es fällt kein einzig kluges Wort

Der Sturm treibt wieder mich
nach Haus zurück
Es ist November, und noch nichts zu spät!
Ich seh die Heimat
Und ich spüre plötzlich Glück
Es brachte der November mich
nach Haus zurück
Dort, wo man mich immer noch versteht ...

Schmutziger Ort

Irgendwo in dieser Stadt
Dort, wo keiner Namen hat
Fand ich dich am Rand der Zeit
Warst zu schnellem Sex bereit
Dort, am Ende aller Zeit
Irgendwo in dieser Stadt

Warfst dir harte Drogen ein
Bloß nichts fühln! Das muss so sein!
Träume, Liebe gibt's hier nicht
Niemand schaut dir ins Gesicht
Traum und Hoffnung gibt's hier nicht
Selbst das Bier ist selten rein

Tränen netzten deinen Blick
Wolltest Freiheit, nur ein Stück
Irgendwo in dieser Stadt
Wo kein Mensch mehr Namen hat
Bliebst du hungrig, warst nicht satt
Sehnsucht netzte deinen Blick

Als ich ging, bliebst du zurück
Bliebst im Schatten, ohne Glück
Irgendwo im Hinterhaus
stirbt so manche graue Maus
Dort hälts keiner lange aus!
Kann man leben ohne Glück?

Und schon bald fuhr ich nach Haus
Hier sieht alles anders aus
Trank den Sekt, so gegen Vier
War doch noch so nah bei dir
Schloss die dicke Eingangstür
Weit entfernt vom Hinterhaus ...

Suche

Suche nach dem „Irgendwas"
In manch neuer, alter Zeit
War es Liebe, war es Hass?
War's am End ein kleiner Spaß?
Waren wir für uns bereit?

Suche nach dem fernen Ort
Regen- oder Sommertag
Wo nur ist Dein liebes Wort?
Fern liegt jener ferne Ort,
wo mit Dir am Strand ich lag

Suche nach dem guten Traum
Jenseits dieser schönsten Zeit
Hoffnungen im leeren Raum
Du bist hier in meinem Traum
Hab mich längst noch nicht befreit

Träume

Träume sind wie kleine Bojen
Schwimmen auf dem Seelenmeer
Liegen wie in weichen Kojen
Immerfort, und gar nicht schwer

Sind wie Kinder, die noch suchen
Nach manch hastig, tollem Spiel
Wollen sprießen und nie fluchen
Streben stets nach einem Ziel

Doch sie rinnen fort am Morgen
Sind vorbei und nicht mehr da
Sind vielleicht noch nicht gestorben
Doch du weißt, sie sind nicht wahr

Wir

Wir sind nur Blumen, die am Wege blühen
Zuerst als Körnchen,
klein und in der Erde noch
Brauchen wir Wasser, Dung und etwas Mut-
Zum Weiterwachsen in der Mutter drin

Und all die Liebe und die Wärme auch
lässt uns erstarken und viel Gutes tanken
Doch blühen wir noch nicht und träumen,
bestimmt bald groß zu sein
und aus der Erde strebend

Sind wir dann irgendwann bereit
zum Aufbruch aus der Muttererde Schoß
Um zu verlassen diese gute Sicherheit
den Himmel zu entdecken,
der doch so weit entfernt

Uns zu entfalten in endlos aufstrebender Zeit
In unsrer Pracht und Schönheit,
viel gefächert
Und knospenreich,
die Blüten balde platzend,
im Regen aufzublühen
und in der Mitte unsres Seins

die Welt zu sehen und zu spüren,
und die Sonne auch.

Dem Sturm, der uns zerbrechen will,
widerstrebend,
nun viele Sprosse tragend
und Keimlinge dem Winde
anvertrauend, weise und klug die Kälte bald
begrüßend,

so wird der Winter kommen,
und wir werden alt
Die Farbenpracht vergeht,
die Kraft lässt nach
Und alle Blüten fallen
und dem welken Blatte gleich
nun der Abschied naht von dieser Welt
und von der Erde

Wir waren Blumen nur,
die irgendwo so zahllos
und doch bereichernd
alles Glück der Welt vereinen
Und wenn der Schnee liegt
auf den toten Stielen,
so wächst ganz unten in der Erd
ein neues Leben …

Worte

Du schwärmst von Orten, anderswo
Du sprichst von Disziplin, und so
Du träumst dein Leben dir zurecht
Doch irgendwie ist gar nichts echt
Du fühlst dich schlecht und gar nicht froh

Du redest dir die Tage schön
Du willst nicht hier sein, du willst gehn
Schon lange bist du nicht mehr DU
Und nachts kommst du nicht mehr zur Ruh
Du willst hier gar nichts mehr verstehn

Und wie du redest, träumst und klagst,
und nichts mehr tust und nichts mehr wagst,
vergeht die Zeit und du wirst alt
Der Sommer geht und bald ist's kalt
Weil du dein Leben stets vertagst

Bald liegst du flach, dem Tode nah
Und träumst von dem, was niemals war
Dann bleibt dir wirklich keine Zeit
Mit Sprüchen hast du sie vergeigt
Drum lebe JETZT!
Mit Haut und Haar!

Wünsche

Wünsche in der heißen Nacht
Regen fällt auf den Asphalt
Du hast mich nur angelacht
Bist verschwunden – gegen Acht
Und der Wind weht nass und kalt

Träume mich in Deinen Arm
Irgendwie treibts mich zu Dir
Und im Herzen wird's mir warm
Wo nur bleibt Dein starker Arm
In mir spür ich Lust und Gier

40

Ja, ich werd Dich wieder sehn
Dort, in jener großen Stadt
Wenn wir tanzen durch Berlin,
wird das Glück die Angst verwehn
Weil ich doch noch Hoffnung hab …

Advent

Glockenklang und leises Singen
Endlich kommt die Weihnachtszeit
Weihnachtsmarkt will Freude bringen
Christkind ist jetzt nicht mehr weit

Die Adventszeit lässt mich hoffen,
was die Weihnacht bringen mag
Manche Tür steht nicht mehr offen
Heimlichkeit vorm Weihnachtstag

Schneegestöber, dunkle Wälder
Irgendwo ein Weihnachtsbaum
Sterne leuchten plötzlich heller
Wunderschöner Weihnachtstraum …

Am Meer

Der Abend kommt, mich zieht's ans Meer
Ich sehn mir alles Schöne her
Hier kann ich vieles klarer sehn
Und weiß, das Meer wird mich verstehn

So viele Dinge tun sich auf
an diesem Strand, ich nehms in Kauf
Hier wo die Sonne untergeht,
Hier, wo ein raues Lüftchen weht

Dann träum ich mir die Sorgen fort
An diesem magisch, guten Ort
Ich fühl mich nicht mehr so allein
Am Meer möcht ich wohl immer sein

Ganz sicher war's nicht immer leicht,
Oft hat es nicht ganz ausgereicht
Dann stand ich trotzdem wieder auf
und sah nach vorn und pfiff darauf

Mit meinem Stolz und festem Blick
stemm ich mich gegen Ungeschick
Und lass das Böse hinter mir
Ich hab noch meinen Traum in mir

Ganz tief im Herz ein Feuer brennt
Es ist so stark und mir nicht fremd
Es ist ein Lied und ein Gedicht
Es spendet Leben mir und Licht

Und meine Tränen, die so heiß
Ja selbst mein Lachen- laut und leis
Die Liebe auch zum Heimathaus
All das bin ICH, das macht mich aus

Ich weiß, in mir steckt soviel Kraft
Im Leben hab ich viel geschafft
Dies Auf- und Ab hat mich geprägt,
Und neue Zuversicht gesät

Ja, viele Jahre sind vorbei
Bin nicht mehr jung – doch einerlei!
Die Hoffnung treibt mich durch die Zeit,
vorbei an Tränen, Frust und Leid

Nun ist es Nacht- ich bin noch hier
Ich brauche Dich, Du kluges Meer
Ich sitz am Strand und hör dir zu,
und träum mit dir, genieß die Ruh …

An Gott

Sag mir, warum hilfst Du nicht?
Lieber Gott im Himmelzelt
Schau mir doch mal ins Gesicht
Sag, warum hilfst Du mir nicht?
Es ist kalt auf Deiner Welt

Sag mir, warum sprichst Du nicht?
Lieber Gott, dort, irgendwo
Spende doch mal Trost und Licht
Sag, warum nur sprichst Du nicht?
Bin so einsam und nicht froh

Sag mir, warum bleibst Du fort?
Lieber Gott, Du großer Mann
Hörst Du nicht mein fragend´ Wort?
Sag, warum nur bleibst Du fort?
Ich zerbreche irgendwann!

Sag mir, gibt's Dich überhaupt?
Lieber Gott! Bist Du Prophet?
Bist Du leise oder laut?
Scheinst doch irgendwie vertraut
Kennst Du meinen rechten Weg?

Sag mir, wann kommt meine Zeit?
Lieber Gott, Du bist so fern
Überall scheint Dunkelheit
Sag, wann kommt mal meine Zeit?
Plötzlich strahlt ein heller Stern …

Bakers Point

Geh nach Bakers - Point mit mir!
Dieser Ort im fernen Land
hat die Gier in mir entbrannt
Gib mir deine heiße Hand!
Küss mich jetzt, du wildes Tier!

Spür mich in der lauen Nacht,
meinen nackten kühlen Leib!
Lass uns fliehen vor der Zeit!
Bakers - Point scheint gar nicht weit -
Dort, wo alles Glück erdacht …

Bei Dir

Bei Dir bin ich wohl immer gern
Auf diesem weit entfernten Stern
In meinem Traum ist´s gar nicht weit
Von Abschieden schon längst befreit
So nah am Herz und doch so fern

In jeder Nacht komm ich zu dir
an diesen Ort – bis früh um Vier
Wo die Gedanken zeitlos sind
Wo ich geblieben noch ein Kind
Erinnerungen ziehn in mir …

Besuch im Herbst

Wenn der Oktober geht,
dann hab ich Sehnsucht
Sehnsucht nach der Heimat
Die viel zu weit entfernt vom Jetzt, und fern
von allem Treiben liegt
Dann geh ich durch die Straßen dieser Stadt,
die ich so lange nicht gesehen hab
Und die Menschen schauen mich an
Wer ist der Mann?
Und ich schau in die zahllosen Gesichter
Wer ist der Mann?
Und jede Straße scheint mir so vertraut
Mir scheint, ich war nie fort
Ich wünscht es manchmal so
Und muss doch wieder gehn
Und der kühle Herbstwind
zieht durch meine Seele
Plötzlich seh ich ein Kind
in einer Seitenstraße- es lacht mich an
Auch ich hab hier gelacht, gespielt,
geweint
Damals
In der Dämmerung gehe ich die alten Wege-
ich kenn sie noch
Vor der alten Schule wieder diese
merkwürdige Angst, wie damals

Ein kleines, wackliges Gebäude, jetzt
Ich schau mich um,
suche nach vertrauten Gesichtern
Da sind so viele Jahre zwischen uns
Du jetzt so kleine Welt, die ich so liebte,
hasste, brauchte
Ich war doch glücklich
einst in deinen Armen
Erinnerungen sind ganz nah
Der kindlich schöne Weihnachtsglanz
Und Mutter versteckte die Geschenke
Wir hatten noch echte Kerzen am Baum
Noch heute lieb ich meinen
Weihnachtsbaum
Träum oft von ihm und wünscht,
er wär bei mir
Und wünscht, er sollt mir helfen,
durch all die schwere Zeit
Oh Heimatstadt
Vertraute Kirche
Dort sangen wir die Weihnachtslieder,
so unbeschwert
Und jenen längst vergangenen Tag
Ich spür ihn noch, er ist so nah
Alles ist so nah, hier in meiner Stadt
Und ich bin doch so fremd
Ich schließe den Kragen von meinem Hemd
Und auch vom Mantel, der mich wärmt
Trotzdem ist mir kalt

In meiner Stadt - ich bin hier fremd, jetzt
Und muss nun fort
Ade du Zauberwald, du märchenhafter Ort
Geschichtsbuch meiner Seele
Ein heißer Tee für meine rau geweinte Kehle
an jener Bude, dort im Park
Die Dämmerung verklärt den Blick,
verklärt die alte Stadt
Könnt ich hier noch mal sein?
Für ein paar Stunden war ich wieder klein!
Ein leiser Regen fällt – und Schnee
Ob ich dich wohl noch mal wiederseh?
Du, meine kleine Heimatstadt?

Mein Auto braust davon, in eine andre Welt!
Die Kindheit, sie entschwindet!
Und alle Freuden, Ängste, von damals,
zerfließen in der schwarzen Nacht
Und schnell verschwinden die wenigen
Lichtpunkte im Nirgendwo
Bald bin ich weit entfernt von jener Stadt,
die niemand kennt
und niemand findet
Wo keiner etwas von mir weiß
Mir bleibt nur eine kleine Ausfahrt
an der Autobahn …

Dämmern

Es dämmert schon,
Ein Duft zieht um mein Häuschen
An diesem Ort
zieht Müdigkeit nun ein
Ich schau mich um -
Da piepst ein winzig Mäuschen
Und irgendwie
fühl ich mich sehr allein

Ein greller Blitz -
Es wird mir immer schwüler
Und Regen wäscht
die Fenster wieder klar
Da wünscht ich mir,
es wäre etwas kühler
Doch nichts bleibt so,
wies vorher einmal war

Der Sommer naht -
Ich spür schon jetzt die Hitze,
die mir so mache Stund
den Atem mir fast nahm
Da ist auch Angst -
Sie kriecht durch manche Ritze
und reibt sich voller Lust
an meiner Seele wund

So will ich ziehn
in kühlere Gefilde
Wo manches nicht
so heiß gegessen wird
Ich mag sie nicht
die Angst, die immer wilde
Such nach der Ruh,
und such auch mein Gesicht

Es dämmert lang
Die Nacht wird gleich beginnen
Kein Regen mehr
Und auch kein greller Blitz
Ich weiß genau,
die Angst wird bald verrinnen
Der Sommer kommt,
und auch so mancher Witz …

Die Angestellte

Es war ein Morgen, irgendwann
Der Kaffee schmeckte schlecht, so schlecht
Noch schnell ein Küsschen für den Mann
An diesem Morgen, irgendwann
Sie macht' es allen immer recht

An jenem Tag, als Regen fiel,
war's trübe noch und seltsam lau
Ihr Job war hart, kein leichtes Spiel
Der Tag war grau und Regen fiel
Sie war ne starke schwache Frau

Sie sah das Elend vis-a-vis
Und mancher Fall wog tonnenschwer
Sie hielt es durch, wohl irgendwie
Sie sah manch Trauer vis-a-vis
Doch auch sie selbst schien müd und leer

Vorm Spiegel in der Pause dann,
da sah sie sich und weinte leis
Ein Handyklingeln - wohl der Mann
Vorm Spiegel jetzt - minutenlang
Und irgendwo zerschmolz das Eis

Was, wenn sie einfach wortlos ging
Dorthin, wo alles Glück vielleicht
Dorthin, wo aller Segen hing
Wer fragt, wenn sie jetzt einfach ging
Ob's für das Leben dann noch reicht

Sie schloss die Augen, hielt sich fest,
und wankte hin und wieder her
Was, wenn man sich mal treiben lässt
Sie hielt am Waschbecken sich fest
Im Leben geht so manches quer

Was für ein schöner ferner Traum
Sie wischte sich die Tränen fort
Mit Seife und mit reichlich Schaum
wusch sie sich ab, den großen Traum
Man rief nach ihr, mit lautem Wort

Und lächelnd lief sie schnell zurück
Ein neuer Kunde wollte Rat!
Wo liegt des Lebens größtes Glück?
Sie lief nur ins Büro zurück
Und tat, was sie sonst immer tat

Sie sagte JA, sie sagte NEIN ...
Der Arbeitstag ging schnell vorbei!
So musste es wohl immer sein!
Ein Leben zwischen JA und NEIN!
Ihr Mann kam heim, so gegen Drei ...

Inhalt

5........................Erinnerungen
6........................Glogaulied
11.......................Mountain
14.......................Friedensballade
18.......................Gedanke
19.......................Gern
20.......................Im Park
21.......................In meinem Keller
23.......................Irgendwas und irgendwo
25.......................Kurz: Ich
26.......................Nach dir
27.......................Nach Hause
29.......................Nackt
30.......................Poesie
31.......................November

Inhalt

33......................Schmutziger Ort

35......................Suche

36......................Träume

37......................Wir

39......................Worte

40......................Wünsche

41......................Advent

42......................Am Meer

44......................An Gott

46......................Bakers Point

47......................Bei Dir

48......................Besuch im Herbst

51......................Dämmern

53......................Die Angestellte

56......................Bahnsteig 2

Bahnsteig 2

Es steht ein Zug auf Bahnsteig 2
Auf jenem Bahnhof irgendwo
An diesem Morgen, kurz nach 3,
ist's düster noch auf Bahnsteig 2
Nur eine Frau weint einfach so

Ein Wind verweht sich überm Gleis
Die Frau ist stumm, ihr Blick scheint starr
Am Bahnsteigdach hängt Schnee und Eis
Sie steht wohl da,
weil sie jetzt weiß:
Ihr Leben hier zu einsam war!

Fort will sie fahren, nur weit weg
Dorthin, wo alles anders ist
Sie starrt zum kalten Schienensteg
Und nur ein Wind ganz leise weht
Dort, wo ihr Mann sie nie mehr küsst

Kein Mensch steigt aus,
kein Mensch steigt zu
Der Zug wohl wartet nur auf sie
Sie trägt schön warme Winterschuh
Und übern Bahnsteig schleicht sich Ruh
Es ist noch zeitig in der Früh

Die Reisetasche, braun und voll,
steht auf dem Bahnsteig neben ihr
Hier ist's so still, hier ist's nicht toll
Sie will nur gehen ohne Groll
Da schlägt die Bahnhofsuhr laut: Vier!

58

Der Schaffner pfeift, der Zug rollt an!
Die Tür vom Wagen ist noch auf!
Wenn sie jetzt flieht, wo kommt sie an?
Bringt sie der Zug zum Glück sodann?
Sie steigt die Wagentreppe rauf!

Und springt herab, der Zug fährt fort!
Ein Wind nur streicht ganz sacht daher
An diesem unwirklichen Ort
versiegt manch Traum
und auch manch Wort
Von fern nur pfeift der Zug recht schwer

Und wieder steht sie schweigend da
Der Schnee fällt leis auf Bahngleis 2
Egal, was war, was auch geschah,
ihr wird es plötzlich sonnenklar:
Ein andrer Zug kommt bald vorbei ...

For Michael